PARA QUE NO TE OLVIDES DE MÍ

KRISTINA MEZAC

Aliarediciones

Corrección: Eladia Guerrero
Diseño de cubierta: Pablo Arellano
Maquetación: Aliar Ediciones

Depósito Legal: GR 1541-2025
ISBN: 979-13-88058-04-2

Impreso en España

MIXTO
Papel | Apoyando la silvicultura responsable
FSC® C127630

Edita
ALIAR Ediciones
www.aliarediciones.es
info@aliarediciones.es

PARA QUE NO TE OLVIDES DE MÍ

KRISTINA MEZAC

A ti que estás leyendo esto te dedico las mismas palabras que me escribió mi abuelo:

«Te deseo la más profunda felicidad y más durante toda tu larga vida».

Prólogo

Por primera vez he apostado por dar rienda suelta a mis emociones más profundas, he dejado a un lado mis miedos y he mostrado una pequeña parte de mí. En mi vida hay tres cosas que valoro mucho tanto de mí misma como de los demás. El alma, abstracta, es lo más profundo de nuestro ser, ahí guardamos todo lo que hemos vivido y como lo hemos percibido, la razón es nuestra manera de recapacitar y reflexionar ante las circunstancias de la vida, cómo vemos aquello que nos sucede y cómo lo gestionamos; y el corazón esconde nuestros recuerdos y nuestras emociones.

En el apartado de *Alma* hay un compendio de treinta poemas que he escrito a lo largo de mi vida y que, sin duda, refleja una parte de las cosas que he experimentado; en el apartado de *Razón* hay catorce reflexiones que me han acompañado siempre, pero que nunca había contemplado escribir; y, finalmente, en el apartado de *Corazón* hay siete poemas, los mejores, que escribí entre los nueve y trece años; con esos poemas ya aspiraba a algo más que dejarlos escritos en mi pequeña libreta, porque gracias a esa Cristina hoy puedo completar este pequeño libro que me dice que los sueños hay que trabajarlos, aunque siempre en silencio.

No sé si compartiréis mis mismos sentimientos, emociones y pensamientos, pero estoy segura de que caminaréis en mis zapatos y, quizás, en los de los demás. Encontraréis poesía y prosa caminando de la mano, y desearéis que os acompañen como siempre me han acompañado a mí. Soy afortunada de poder caminar con ellas y contarles mi historia para que nunca se olviden de mí.

ALMA

Poesía es la unión de dos palabras que uno nunca supuso que pudieran juntarse, y que forman algo así como un misterio.

FEDERICO GARCÍA LORCA

1

Páginas que me contemplan,
llenas de palabras sin luz
que narran al cielo mi cruz
pero que siempre me templan.
Las hojas no se demoran
y muestran mi camino,
quizás, un final ladino,
un epílogo que añoran.

2

Hay una fuerza que me agarra
y una llama que me enciende.
Dos canciones que suenan
en un hogar vacío.
Me precipito a decir
«Te quiero»
porque si te pierdo
no me muero,
pero me hiero.

3

Cojo la guitarra,
contemplo la luna,
¡me siento tan sola
como ella!

Escribo una canción
que nunca cantaré
y cada vez que la leo
ella sabe
a quién se la dediqué.

4

Te adoro, amor.
Te adoro hasta lo más profundo.
Tanto como si una lluvia torrencial me ahogase.
Como si un tsunami me arrasase.
Y me dejo llevar, amor.
Me dejo.
Porque te adoro.

5

He soñado con la invención de palabras
que puedan justificar
esto que tú llamas amar,
pero no encuentro el sentido de utilizarlas
cuando lo único que anhelo
es volver a confesar
que vivo en la penumbra
esperando tu amor abrazar.

6

Eres la llama más ardiente,
la hoguera más cercana,
tan cerca que quema.
Pero ¡quémame!
Conviérteme en cenizas
para acompañarte
en el aire que respiras.

7

Cómo te echo de menos,
cómo duele,
cómo hieres,
¡y qué pena que no lo sepas!
Porque si lo supieras
también llorarías.
¡Y qué pena!

8

Suelta mi mano,
huye antes de que hiera,
porque si te quedas
me amarás por siempre.
Y no, no quiero eso.
No quiero que me ames
porque en el fondo
yo no lo hago.

9

No quiero despedirme.
Tal vez, no deba hacerlo,
pero prefiero que te quedes
con mi más sincero
¡hasta luego!
Porque pienso volver a verte.
Te quiero.

10

Que si yo te miro no es para vernos
en nuestro futuro un tanto lejano.
Que pensar que si vuelves es en vano,
aunque duele menos que no tenernos.

Tu mano entrelazo para querernos
y en tu pecho siento el latir lozano
como el bamboleo de un mar tirano
de un corazón que quiere protegernos.

A ti te quiero; sempiternamente.
Pero te odio cuando te vas y alejas
dañando con tu daga ferozmente.

Y si quererte es estar entre rejas
y si dices amar eternamente
es mejor olvidarnos de las quejas.

11

Cariño, ¿has pensado en lo que fuimos?
Te fugaste como estrella en el cielo.
Y aunque no estés
te persigo a todos lados.

¿Crees que otra te hará sacarme de tu cabeza?
Lo que fui para ti no lo será nadie.
¡Corre!, ¡huye de mí!
Aunque tus sentimientos no te dejen.

Déjame ir si no significo nada para ti,
déjame marchar hacia algún lugar
porque tus brazos ya no me pertenecen.

Fue intenso, suficiente.
Me mentiste y prometiste algo que hoy da igual.
¿Dónde dejaste todo ese amor que me jurabas?

12

Estoy aquí, intentando huir donde quiera que me lleven mis
pasos,
pero soy yo la que guía en el tramo.
Créeme, sigo aquí, pero no esperando tu llamada
sino creyendo que, de algún modo, ya me olvidabas.

Tú no quieres aceptar mi ida, no quieres,
pretendes mantenerme cerca, aunque me alejes.
¿Por qué lo haces?

Yo soy la que sigo sola y, sin embargo, te dejo amar,
porque si dices olvidarme, hazlo,
pero no finjas que ya no soy nada para ti
cuando aún me buscas en lo oscuro y profundo.

Terminaré de una vez esta historia de amor
que, en realidad, fue mera ficción.
Decías «amor» cuando me querías para tus noches bajas.
Pero ¿por qué lo hacías?
Si tus caricias eran para otra,
si tu perfume andaba en otra piel.

13

Me he despertado escuchando el latido de tu corazón,
pero había olvidado que ya no latía por mí.

No te diste la oportunidad de seguir a mi lado
y preferiste buscar otros brazos.

He pensado que tu amor fue falso y
que me engañabas con miradas.

Y sí, caí en tu trampa, pero
me haces ser la cazadora con tus palabras.

Inventaste una historia que pensaba no terminar, pero
fuiste tú el que puso el punto y final.

14

Trae la noche mi alma dormida
mientras la luna aguarda mi huida,
desesperada por cobijarme y guardar
mis lágrimas fingidas.

No pretendo escaparme de tu amor
ni de tu dulce mirada que me castiga,
pero espero ansiosa que te alejes y me dejes
sin salida.

15

Escribo para calmarme, para olvidar mi partida
y con la tinta de mi pluma
sangran nuestras heridas.

Escribo mi historia con una punta afilada
que rasga mi memoria y
me deja desamparada.

16

Te miro y me esquivas.
Te quiero y me odias.
Te abrazo y me apartas.

¿Qué es esto?

¡Para! Dejas mi alma rota.

17

Me paso las horas escribiendo poemas
sin un receptor, porque si te escribo
paras mi reloj, mi tiempo y hasta mi mundo.

Y si lees bien esto, ya ves como miento.

18

Quiero un destello que me ciegue
como lo hizo tu amor,
que me mate, si quieres, que me mate
de dolor.
Pero más allá de la muerte
te seguiré,
como me sigue tu voz.

19

No soy una huella, ni siquiera soy una sombra.
Marco el compás de mis pasos
y me detengo cuando estoy en el abismo.

Observo el vacío,
respiro,
me atrevo a pensar que si salto
saldré ilesa.

Pero recapacito y sé que hay pensamientos
que te atrapan hasta sumirse en el llanto de la noche.
Y entonces me alejo del abismo.

20

El tiempo es como una llamarada
que te azota hasta hacerte arder
y bajo la niebla de ese humo intimidante
ves más allá, pero solo es un instante,
un instante en el que te aferras
a la intrépida creencia de creer
que lo puedes cambiar todo.

21

Ese afán por ridiculizar mis sentimientos,
por clamar mi amor con lamentos,
por hacerme creer que solo yo soy culpable
de tus cimientos,
esos que construiste con el dolor
de mi tormento.

22

Comprendí que no siempre tienden la mano
y que clavan su mirada esperando algún daño.

Te juzgan como si tuvieran
algún poder sobre tu vida
y te calcan olvidando
sus palabras de envidia.

¿Qué tan arduo es tu camino
para pisar las huellas del mío?

23

Quiero volver,
quiero correr o, tal vez,
quiero dejarlo todo atrás.

Yo sé que puedo inventar
un mundo nuevo donde estar
lejos de la iniquidad que nos atrapa.

No es justo este dolor
que nos abraza,
exprimiendo nuestra alma
que se acaba convirtiendo en lágrimas.

24

No quería perderte y
tuve que marcharme,
pero alejarme implicaba no verte
y atormentaba mis días
abriéndome las heridas.

No sé si hallaré una mejor versión de mí,
pero encontraré la forma, lo prometo,
de que estés junto a mí.

25

Hemos cometidos locuras,
viajado sin cordura,
de días sin luz,
hemos sido almas libres,
pero tú
aguardas siempre la misma inquietud.

Te quedas con las ganas de pensar
que habría sido ¿difícil o fugaz?
Y yo me quedo con las ganas de pensarte
un día más
aunque los recuerdos ya no están.

26

Aún me pregunto
cómo pueden borrar tu sonrisa
cuando esta parece eterna.

Tu inocencia es un balazo en mi corazón
y tu mirada, benévola,
la cura para el rencor.

Pero aún me pregunto
¿cómo es que sigues con el alma en pie
y la mano en el corazón?

¿Por qué recoges los pedazos de otros
cuando aún los tuyos siguen perdidos?

¿Por qué existes en este mundo?
Me aferro a que eres mi salvación.

27

Siento una llama ardiendo bajo mi pecho
porque tenerte bajo mis brazos
fue un hecho.

Pero perdí el rumbo
y, ahora, soy un barco perdido
que no conoce el significado del amor.

Solo espero caer en las profundidades
para ser solo un recuerdo de que
algún día existí y nadie me buscó.

28

Mi vida es una banda sonora
que se alimenta de letras
y vive en sentimientos ajenos,
pero que con ellas expreso
aquello que no puedo:

Un *Hello* de Adele para que sepas que te espero.
Un *Party for you* de XCX porque pienso en ti y tú lo ignoras.
Un *Run for the hills* de Tate porque subiría colinas hasta
alcanzarte.
Un *Counting stars* de One Republic porque me vale más tu
amor que todo lo que me
puedas dar.

Y *¡Dígale!* David que yo no puedo más,
que es todo cuanto puedo hablar
porque cuando lo tengo delante
todo esto empieza a sonar.

29

Querido, no me des la mano
para luego soltarme.

Ni siquiera jures
que puedes soportarme.

¿Me dejas de rodillas
para poder amarme?

No te equivoques,
no soy un maldito blanco al que disparar.

Porque si te comportas como un arma,
al menos, aprende a matar.

Y si me dejas con vida
ni Dios te podrá salvar.

30

¿Qué son esas palabras que dices?
¿Acaso es lo que piensas de ti?

Pretendes que finja que aún te quiero aquí,
pero lo cierto
es que estoy deseando huir.

Ya no me acerco a ti
ni siquiera para que susurres a mi oído
y me hagas reír.

¿Qué fue de ti?

¡Qué triste habernos amado!
Cuando desde el principio ya sabía
que habría un fin.

RAZÓN

Como nadie puede decirme si la escritura es mala o buena, el único valor seguro es el propio placer. Estoy segura de eso.

VIRGINIA WOOLF

1. SUSAN

En los días calurosos de verano marchaba en compañía de los suyos hacia el mar del Sur. Miraba por la ventana del coche imaginando familias enteras entre las montañas y en los altos árboles veía las sombras que alguna vez la cubrieron del sol. Posó sus pies sobre arena cristalina, tan diminuta como su presencia ante la inmensidad del mar, y se acercó hasta la orilla respirando lo que ella llamaba «libertad». Tenía miedo de no saber bailar porque su compás de brazos y piernas no seguía el vals del mar. Probó a dar unos pasos, pero pisó al educado galán que se alejó levemente, pero se volvió a acercar.

—Ven, ¡baila conmigo!

Pero ella ya bailaba en soledad.

2. DECISIONES

Caminaba por la calle con pasos ligeros buscando algo de luz entre tanta oscuridad. A lo lejos divisó una silueta alta que la invitaba a continuar, pero se paró en seco, aquella sería su cárcel, pensó, su destino fatal.

Caminaba por la calle con pasos pesados buscando algo de oscuridad entre tanta luz. A lo lejos divisó una silueta alta que la invitaba a parar, pero siguió adelante, hacia su destino y hacia su hogar.

Ella era delicada, pero entre tanta daga se convirtió en una flecha fugaz imposible de alcanzar.

3. HESTIA

Eres hogar de todos si te vistes como tal. El fuego que alumbra corazones y da vida. La pureza de quien te merece, y de quien no, también. Pero si nunca hubieras alumbrado corazones ni dado vida, si nunca hubieras sido pura, si nunca hubieras sido hogar, entonces,

¿cómo te llamarían?

4. TE ESPERO

Se quedó esperando tanto tiempo a que regresaras. Miraba tus fotos para no olvidarte, y alguna vez que otra casi se la escuchaba pensar, tal vez intentado recordar cada momento. Pero tu marcha la dejó sin recuerdos porque cada vez que te pensaba le dolía, y a la vez te olvidaba al no pensarte.

Le habría gustado preguntar: ¿Por qué no vuelves? Pero sabía que jamás volverías a responderle.

5. ABUELOS

Siempre supe que soñaban despiertos, que sus miradas te permitían viajar hacia sus sentimientos más profundos y sus corazones latían para bombear recuerdos. No tuvieron una vida fácil, y sus cicatrices fueron ese camino lleno de piedras que intentaron esquivar. A veces, se encontraban a sí mismos en mi mirada y yo les permitía quedarse porque sus historias eran mi refugio.

Aún escucho sus pasos lentos y firmes como teclas de un piano que te conmueven con su dulce melodía, o siento sus brazos como pilares porque sostuvieron ruinas de un pasado efímero, pero hiriente, para construir un hogar eterno, sempiterno. Y su voz, esa que resuena en los más interior de mí como un torrente, una cascada o un río que desemboca en palabras de sabiduría, aprendizaje y amor, es esa la que me permite sostenerme con firmeza ante las adversidades.

Cada uno vivió su vida y la de los demás; arriesgaron para no perder ninguna, rieron, lloraron y sangraron por cada una de ellas, pero valió la pena. No se aferraron a las injusticias y pidieron perdón con un «te quiero», un abrazo o una perpetua sonrisa por si en alguna de sus vidas hirieron como hiere quien tiene una daga.

Anhelo esos días en los que me arropaban con su calma, dejando ese rastro tan formidable en mis recuerdos. Nunca me hablaron del olvido, porque me protegían de su acecho; y ahora que me amenaza intento esquivarlo. Solo cierro los ojos para que se aleje y en lo más profundo de mi oscuridad veo esa luz que me saluda.

6. ARTE

Somos un lienzo:
una paleta llena de colores al azar que darán
luz y sombra a nuestros días; un pincel
dispuesto a dibujar nuestro camino, sueños,
caídas y victorias.
Unas manos, una idea, una pasión; que sin pensarnos lo suficiente
plasma en un fondo blanco una historia nueva; una vida.

7. LA FORTUNA DE LA VIDA

La literatura es hogar de aquellos que aman las letras, las palabras, las historias. Nos hace estar vivos, ser más inteligentes, apela a nuestras emociones y nos hace vulnerables y comprensivos.

Porque andamos en los zapatos de los personajes, sangramos con sus heridas y nos enamoramos de sus almas. Porque no hay mejor lugar que aquel que consideramos nuestro. La literatura es uno de ellos.

8. QUÉ ESPERAR

¿Qué espero de este mundo?

Cuando importa más cómo nos ve la gente que como nos hacen sentir, que nos culpan de sus heridas cuando solo has querido curar, que te hacen sentir solo cuando la soledad los acompaña a ellos, que señalan con el dedo juzgando cada uno de nuestros actos cuando lo que tienen delante es su propio reflejo, cuando el dolor solo es un sentimiento y no una realidad, cuando la sonrisa es fingida y el abrazo un puñal.

Pero qué sé yo, si solo soy un efecto colateral de alguien que no aprendió a brillar.

9. MUJER INEFABLE

Me gustaba pensar que ella tenía sueños. La miraba desde el otro anexo, pensativa y con la mirada perdida, aunque tal vez estaba encontrándose en lo más profundo de sus pensamientos. Cuando caminaba lo hacía lento, al compás de las olas cuando llegan hasta la orilla, pero con decisión, como quien camina hasta su destino. Se asomaba a la puerta con la intención de respirar el aire fresco de la tarde y miraba al cielo buscando una respuesta, pero nunca preguntó ni cuestionó. Asumía su final.

A veces lloraba, quizás en la soledad de la noche o en los recuerdos de su niñez. Su vida había sido difícil, lo sabía, aunque nunca dijo que la hubiese querido fácil. Y sí, tuvo una vida, pero vivió siete, siete vidas dando todo y más por cada una de ellas, pero jamás las arriesgó por miedo a perderlas. O las vivía todas o no vivía ninguna.

Recuerdo su alta figura robusta, su pelo azabache, su mirada profunda, pero de ojos pequeños. No era perfecta porque no creía en la perfección, pero era bella, y mucho más lo era su corazón. Un corazón que calentaba en las noches frías y solitarias, un corazón que latió las siete vidas, incluso latió por una vida más o incluso por muchas vidas más. Algunas la amaban, otras la olvidaban, pero dio amor y fue un hogar.

Inefable. Todo era inefable para ella. Ese momento en el que no tenía palabras para explicar sus emociones o para preguntar. E inefable era explicar el sentimiento cuando te miraba a lo lejos, intuyendo tu presencia, tu cálida presencia. No volvió a bailar, es cierto, pero sus ojos se movían al compás de un tango para decir «te quiero» o para hacer brillar a quien mirase.

Ahora lo entiendo. Lo tenía todo y se lo arrebató la nada, pero nunca señaló a nadie. Era una mujer inefable. Única e inigualable. Fue hija, madre, abuela y mujer. Y menuda mujer, que tuvo una vida corta y difícil, pero nunca perdió su sonrisa.

10. CUANDO LLUEVE

Se escuchaba cómo corría cuando sus zapatos pisaban con fuerza las calles inundando cada uno de sus pensamientos, y se escuchaba cada gota que caía sobre ella como si un diluvio fuera a arrasar con cada uno de sus latidos. Esos latidos que le arrastraban a la vida.

Se miraba el alma sintiendo la calma, desordenada, se arriesgaba y tambaleaba, cayendo, rompiendo los esquemas. Contemplaba las miradas de los que jugaban, condenada y triste. Pedía a gritos que la despertaran, pero no era un sueño. Hundía sus dedos sobre arena veloz, el tiempo persiguiendo a su alrededor, cogiendo la rabia, reventando en mitad de la tormenta. Pero no estaba asustada, respiraba tranquila, respaldada por ella misma.

11. EL COMIENZO DE TODO

No tengo un recuerdo de mi primer día en este mundo, ni siquiera de mi primer año, tal vez alguna foto me diga «ahí estabas», esperando algo de este mundo. Pero es extraña la sensación que me corre por dentro cuando os miro y me acurruco en vuestro pecho, porque de alguna forma es como volver al comienzo. La primera vez que agarré vuestra mano tampoco lo recuerdo, pero qué curiosa la mente humana, que cuando lo hago siendo consciente es como si volviera a ese momento. La certeza de que todos mis recuerdos son solo viajeros de mis sentimientos es más firme cuando pienso que desde el principio fui amada.

Siento alejarme con cada paso que doy y convertirme en ese árbol cuya copa está plagada de hojas y pájaros, porque todo ello forma parte de mi vida, pero habéis construido una fracción muy pequeña de mí, quizás la más fuerte de todas. Habéis dedicado con una pasión fervorosa los minutos de vuestra existencia a cuidar la esencia de mi alma, las huellas de mi corazón y la brújula de mi mente. Quizás nunca sea suficiente para construir una imagen mejor, pero es inhóspito el mundo que me rodea y vosotros no podríais haberlo hecho mejor.

No quiero imaginar la llegada de la sombra que me atormenta con el paso del tiempo, de llegar el día en el que tenga que despedirme porque todas las lágrimas que derrame no serán suficientes para calmar el dolor, pero sí tendré a mano estas palabras o, tal vez, las guarde en mi corazón. Pero lo cierto es que no creo que pueda alejarme nunca, porque incluso en las penas de la muerte hallaremos la forma de tenernos presentes.

12. QUIZÁS DUELA MENOS

Faltan en la mesa cada año y te das cuenta de que jamás los
podrás olvidar.
A veces, sientes cómo se alejan de ti y no hay una explicación
que lo justifique.
Mientras sigues pensando que nada es lo suficientemente fuerte
para manteneros unidos.
Inútilmente te preguntas: ¿Qué tan fuerte es nuestro lazo?
La razón de esa unión es un mero hecho biológico.
Intentas hacer todo lo posible para que te den un sitio, pero
¿Acaso debo rogar por un lugar en sus corazones? Debería
tenerlo ya.

Y así es como con el tiempo te sientes cada vez más alejado de lo que un día lo fue todo, mientras los recuerdos empiezan a ser borrosos, y ya no sabes si lo que sientes es dolor o abandono, porque aprendes a que no te importe. Empiezas a buscar un sostén en otros brazos y consuelo en otras palabras, y es como consigues crear tu pequeña familia; elegida, pero verdadera.

13. PARA MÍ ESTO ES AMOR

Siempre he querido escribir una carta de amor y nunca sé cómo empezar porque, a veces, siento que si no lo hago es porque no sé qué es verdaderamente amar o porque conozco tan bien el significado que todo aquello que escriba será insignificante, pero ¿cómo podría escribirle al amor? Se ha dedicado tanto tiempo a hablar sobre él que siento que todo lo que diga ya está escrito en alguna parte. El amor es un sentimiento eterno, un hecho inusitado de que estamos vivos y tenemos la capacidad de sentir, y creo que amar tiene el mismo efecto de las primeras veces, pero con la suerte de experimentarlo continuamente. ¿Te imaginas poder repetir una y otra vez la sensación que te produciría la primera vez que ves el mar, un paisaje idílico o la luna brillando en el horizonte? Es esa sensación la que nos mantiene vivos, con la euforia latente en nuestro corazón, dispuestos a arriesgarlo todo por evocar esos sentimientos repetidamente.

Ese primer contacto visual; el primer acercamiento, donde, tal vez, rozas tu mano con la suya; el primer beso, tímido, pero extasiado; un abrazo, un «te echo de menos», «quiero verte» o «te quiero». Todas esas primeras veces las vivimos una y otra vez cuando estamos con la persona correcta, con «nuestra persona», un efecto que provocamos porque es el sentido de toda una vida. Lorca dijo una vez «hay almas a las que uno tiene ganas de asomarse como a una ventana llena de sol», y para mí eso es el amor.

14. REFLEXIÓN NOCTURNA

Y de pronto te das cuenta de que tu mundo cambia porque has estado perdida buscando un poquito más de los demás. Has esperado durante horas, has esperado momentos, e incluso personas que no han dado un ápice de su corazón, tiempo o bondad dignos de ti porque aguardas más y ellos el doble. Y, cuando piensas un poco, acostada bajo la sombra de la luna y acunada por el silencio de la noche, comprendes que tu mundo no ha cambiado, es el mismo de siempre. Solo hay pocas almas cerca de ti y muchos corazones que estrujan el tuyo para poder seguir.

CORAZÓN

Gracias por no rendirte con tus miedos,
gracias por soñar y gracias por ser.

Todo lo que hay aquí escrito es gracias a ti, Cristina.

1

La música podrá sonar,
y tu amor,
eternamente,
contestar.

En las esquinas lo vi,
en la pared declaró su amor
y yo en sus ojos un simple corazón.

—Mírame —me dijo.
Y yo no te contesté.
—Eternamente —me dijo.
Y yo nunca lo miré.

2

Me desperté y me quise acordar
de lo que dijiste ayer.
Miré por la ventana y vi el sol,
que en él grabada tu cara se quedó.

Me quise esconder, pero no sirvió,
solo le pedí ayuda a tu corazón.

Tu corazón dijo «yo».
Yo dije «tú».
Y ninguno de los dos contestamos «por favor».

3

El empezar de cada mañana
y el sonido de los pájaros
ha hecho que tu canto
me haga soñar.

Llantos de mañana,
llantos de verdad
solo un amanecer para empezar.

Lugares de primavera,
flores de esperanza,
¡déjame estar a tu vera!

Llantos de mañana,
llantos de verdad,
esto es mi alma sin vida.

4

Le has roto el corazón
y se lo has dejado con dolor,
le has dicho que la quieres
en un gran salón.

Corazones rotos
de mi niña azucena.
Corazones rotos
de la luna llena.

Me has dejado tumbadita
sobre seda azul y yo llorando
sobre un baúl.

Corazones rotos
de mi niña azucena.
Corazones rotos
de la luna llena.

5

Sabanitas muy limpitas,
sabanitas de verdad,
pues no son de papel
ni de ningún cristal.

Sabanitas de verano,
sabanitas de lugar,
sabanitas, sabanitas
en un gran mural.

¿Qué le has hecho, mi niñita?
Rotas ya están,
que tan tristes palabras
¡no me hagas llorar!

Sabanitas de verano,
sabanitas de lugar,
sabanitas, sabanitas
en un gran mural.

6

¿Por qué no amar? ¿Por qué no?
Si de verdad o de mentira finges,
¡díselo!
Y ¿por qué no?, preguntádmelo.
Y ¿por qué no?, decídselo.
Y ¿por qué no?, pedídmelo.

Tan solo mi cariño.

7

Lo que llevo dentro
nunca saldrá,
es mi corazón que por
intentarlo locuras hará.

No retires tus miradas,
no vuelvas a hablar,
que por intentarlo
lo estropearás.

No juegues con el corazón,
no siempre saldrás ganando,
que por intentarlo
acabarás clamando.

Índice

RAZÓN

CORAZÓN

Este libro se terminó de editar en Granada
en octubre de 2025 por

Aliarediciones

www.aliarediciones.es
info@aliarediciones.es